QUELQUES ÉPISODES
D'HISTOIRE LOUDUNAISE

DISCOURS

*Prononcé à la Séance publique de la Société
des Antiquaires de l'Ouest, le 22 Janvier 1905.*

PAR

C. de la MÉNARDIÈRE

ANCIEN BATONNIER DE L'ORDRE DES AVOCATS DE POITIERS

PROFESSEUR HONORAIRE A LA FACULTÉ DE DROIT

PRÉSIDENT DE LA SOCIÉTÉ DES ANTIQUAIRES DE L'OUEST

—•○•—

POITIERS

IMPRIMERIE BLAIS ET ROY

7, RUE VICTOR-HUGO, 7

1905

QUELQUES ÉPISODES

D'HISTOIRE LOUDUNAISE

DISCOURS

Prononcé à la Séance publique de la Société

des Antiquaires de l'Ouest, le 22 Janvier 1905.

PAR

C. de la MÉNARDIÈRE

ANCIEN BATONNIER DE L'ORDRE DES AVOCATS DE POITIERS

PROFESSEUR HONORAIRE A LA FACULTÉ DE DROIT

PRÉSIDENT DE LA SOCIÉTÉ DES ANTIQUAIRES DE L'OUEST

———•○•———

POITIERS

IMPRIMERIE BLAIS ET ROY

7, RUE VICTOR-HUGO, 7

1905

QUELQUES ÉPISODES
D'HISTOIRE LOUDUNAISE

*Discours prononcé à la séance publique
de la Société des Antiquaires de l'Ouest, le 22 janvier 1905*

Messieurs,

La petite ville ! la petite ville ancienne, à moitié détruite
par le temps et que la vie économique ne peut rajeunir,
nous la connaissons tous. Qu'elle ait nom Lusignan, Gen-
çay, Bressuire' ou Loudun ; qu'elle réponde à tout autre
nom qui se presse à la pensée, nous la saluons, souvent
comme une amie, en passant, quand le chemin de fer nous
emporte. Elle est là, d'ordinaire échelonnée sur la colline,
entre une tour ou quelques pans de murailles et quelques
vieux clochers d'église. Nous l'admirons dans sa floraison
de vieilles pierres. Mais il en est une, du moins pour
le plus grand nombre, qui, — entre toutes les autres —,
nous reporte aux souvenirs de l'enfance ; qui rap-

pelle nos curiosités et nos admirations instinctives. Dans
la passion de connaître qui commence, ces fenêtres ogivales, ces lourdes portes romanes, ces restes d'enceinte for-
tifiée, ces gargouilles des églises nous ont donné la première impression d'une histoire monumentale, d'une archéo-
logie militaire ou religieuse ; et, tout en même temps,
quelques traditions, demeurant comme l'écho d'un passé
lointain, ont éveillé en nous la conscience de ce passé, et
le premier sentiment, j'allais dire l'ambition, pour notre
chère petite ville, d'une antique et noble histoire.

Elle-même, à ces souvenirs, s'anime sous nos yeux d'une
vie particulière et intense. Elle semble dire que, si, petite
patrie, elle s'est abîmée dans la grande, elle ne s'y est
point perdue, et qu'il n'est pas trop tard « pour parler
encore d'elle ».

J'ai souvent entendu cet appel de la petite patrie, — c'est
Loudun que je veux dire, — et puisqu'il faut parler ce soir,
que ce soit pour retracer quelques épisodes, dignes, peut-
être, de ne se point effacer de notre mémoire !

I

Les traditions dont je parlais tout à l'heure étaient fort
mélangées de légendes. Les personnages étaient quelque-
fois Barbe-bleue ou Mélusine; le plus souvent, aux grands
jours, Jules César ! Les érudits du xvi° siècle s'y étaient
prêtés les premiers.

Loudun ! quel nom pour une ville alors prospère, et qui
devait compter tant de beaux esprits ! Y avait-il apparence
qu'elle pût s'appeler simplement *Loudun*, comme tout le
monde ? Que vite on lui donne un nom latin ! Certes, il exis-

tait dès longtemps, ce nom de forme latine, dans tous les documents anciens et, par fortune, il se trouvait le plus illustre et le plus répandu de la Gaule. Mais il fallait le rechercher dans les chartes, en plein moyen-âge, et en deviner le sens perdu. Ne sachant ni le retrouver, ni le comprendre, ils le changèrent ; ils voulurent, pour leur ville, un nom qui fût à eux, un nom qu'ils aient créé et qui réponde à leur conception historique toute contemporaine d'Auguste, un nom de forme savante et factice comme le latin qu'ils ressuscitaient pour écrire des vers élégants, obscurs et maniérés.

L'un d'eux, né à Loudun vers 1490, s'appelait tout droitement *Jean Salmon* ; c'est lui qui, dès ses premières œuvres, transforma son nom et celui de sa ville natale. Il s'appela : *Macrinus Juliodunensis* !

Juliodunum ! voilà un nom bien fait et qui remonte loin, le nom même de César. Comment n'aurait-il pas fait une belle fortune ? Et, aussi bien, les poètes comme le grand Scévole, les papes, comme Paul V dans une bulle de 1613, et tous les dictionnaires de nos jours, apprendront-ils à tous ce nom inventé de *Juliodunum*, comme qui dirait le *fort de César* (1) !

Et pourtant, le vrai nom, *Lugdunum*, se rattache à une civilisation de plusieurs siècles antérieure à la conquête romaine et si le divin Jules est vraiment fils des dieux, le nom de Loudun contient le nom du dieu lui-même ; je veux dire, du mythe le plus répandu et le plus illustre de la

---

(1) On a tenté beaucoup d'autres traductions latines du nom de Loudun : *Juliensis* par le président Fauchet, *Dumnacus* (?) par G. du Bellay, *Ludinus*, par André Thévet. La vraie série des transformations du nom au moyen-âge est donnée par M. Rédet dans le *Dictionnaire topographique de la Vienne*, v° *Loudun*.

théogonie celtique. Il est vrai que, par une sorte de pres-
cience jalouse qui était une vue profonde de l'avenir, l'auteur
des *Commentaires* nous l'avait soigneusement caché (1).

Le vainqueur des Gaules écrivait pour les Romains et il
avait donné aux dieux gaulois des noms empruntés à la
religion romaine. C'était adoucir et voiler la conquête, et, en
même temps, de façon peut-être inconsciente, c'était, par
la confusion des symboles, rappeler la lointaine commu-
nauté des origines. On connaît le passage célèbre où il
impose à l'un des mythes gaulois le nom de Mercure :
« *Præcipue Mercurium colunt, omnium inventorem artium*,
avant tout, leur culte s'adresse à Mercure, l'inventeur de
tous les arts ! »

(1) Le primitif *Lugu-dunum* est composé d'un génitif de *Lugus* et non
de *Lug* qui est irlandais (*Rev. celtique*, an. 1897, p. 130). Génitif en U, comme
dans *Manus* de la 4ᵉ déclinaison latine, ce primitif devient *Lugdunum* au
temps de l'empire romain par la chute de la 2ᵉ syllabe et s'explique par
l'accent de la 3ᵉ syllabe DUN (*Rev. celt.*, 1902, p. 92).

L'existence du *Lugdunum* pour *Loudun*, indiquée dès longtemps par nous
(18 mai 1876. Bull. Soc. A. O., t. XIV, p. 365) et fondée sur la forme
Vicaria Lugdunensis dans la *pancarte noire de Saint-Martin de Tours*
en l'année 904, a été contestée par M. Almer, M. Gaidoz et M. Antoine Thomas
(*Rev. celtique*, t. VI, pp. 487-490; an. 1899, pp. 384-85 ; et t. XX, 1899,
p. 442), mais elle a été affirmée avec une science parfaite par MM. Lon-
gnon et d'Arbois de Jubainville ; elle est démontrée par l'existence et la dérivation de tous les *Lugdunum* de la Gaule, par ex. : *Lugdunum Clavatum*, qui
donne aussi *Laudunum* avant de fournir le nom de *Laon*. Pourquoi, en
effet, supprimer, pour *Loudun*, les formes *Castro Lauduno*, *Vicaria Lau-
dunensis* d'un diplôme de Charlemagne (an. 800) ou de Charles le Chauve
(an 849)? et dans l'hypothèse d'une dérivation du gentilice *Laucus*, que
signifierait le mot caractéristique de DUNON, mot gaulois qui signifie
« forteresse » et non « lieu élevé ». (*Rev. celt.*, 1902, p. 367)? — *Cpr. :
Villa Lugduno* ou *Lugduno* dans le Maine, diplôme carlovingien de 862
(D. Bouquet, V, p. 768, *e*, en 832, t. VI, p. 585 *e*, en 838, *eod. loc.*,
p. 607), et *mons Lugdunensis*, encore dans cette forme au xivᵉ siècle.
(Arch. de la Chaise-Dieu, Chassaing, *Spicilegium Brivatense*, p. 423.) —
Cpr. surtout les noms de personnes dérivés du même radical, comme *Lugu
Selva*, nom d'une femme dédiée à *Lugus* (*Rev. épig. du Midi de la France*,
t. I, p. 14, nᵒ 23).

Vid. *Rev. celtique*, an. 1888, p. 267, et t. VIII, pp. 169-172, et *passim*
— et Holder, *Altceltischer Sprachschatz*.

Il était, en effet, répandu dans tous les pays celtiques : en Irlande, dans le pays de Galles, dans l'Espagne celtibérienne, comme en Gaule ; et les épopées irlandaises, récitées encore bien des siècles plus tard, nous ont conservé le nom caché sous cette appellation du Mercure latin. Écoutons quelques instants ces lointains échos :

Le roi Nuadu se trouvait enfermé dans la ville de Tara, capitale de l'ancienne Irlande. A la tête de gens inconnus, se présente, un jour, un guerrier. Il était jeune et beau en son vêtement de roi.

En ce temps-là, il y avait des portiers à Tara et le portier dit : « Qui est là ? » — Tous répondirent : « C'est *Lug*... »

— « Quel métier exerces-tu ? car il ne vient à Tara personne sans métier. »

— « Tu m'interroges ? » dit Lug, « je suis charpentier. »

Le portier répondit : « Nous n'avons pas besoin de toi, il y a déjà un charpentier chez nous. »

Lug dit : « Tu m'interroges, ô portier ? je suis forgeron. »

Le portier lui répondit : « Il y a déjà un forgeron. »

Lug dit : « Tu m'interroges ? je suis un homme fort et brave. »

Le portier répondit : « Nous n'avons pas besoin de toi : il y a un homme fort et brave chez nous déjà ; c'est Ogma, fils d'Ethné. »

Lug poursuit : « Tu m'interroges ? je suis harpiste... Je « suis un guerrier habile... Je suis poète et je suis savant « en histoire... Je suis magicien... Je suis médecin... Je « suis échanson... Je suis l'ouvrier qui travaille le bronze...»

Et il reçoit toujours une semblable réponse.

Lug, alors, reprenant la parole : « Demande au roi, « dit-il, s'il y a chez lui un homme qui, en sa main seule,

« réunisse tous ces métiers ; et, s'il a chez lui un tel homme,
« je ne vais pas à Tara. »

Et Nuadu répondit : « Fais-le entrer, car jusqu'à présent
« il n'est venu ici homme pareil.»

Et alors le portier fit entrer Lug et celui-ci vint dans le
château et s'assit sur le siège du docteur, et il était docteur .
en tout métier, et il fut surnommé Samhildanach, qui signifie prince aux sciences multiples (1). »

Cette identification d'un mythe celtique et du Mercure
latin n'allait pas sans quelque violence. Le politique victo-
rieux avait saisi la principale ressemblance de ces mythes
et il laissait dans l'ombre les caractères qui les séparaient.

Le dieu *Lug* n'était pas seulement l'inventeur des arts :
il était aussi un dieu de la lumière et de la guerre.

Comme l'*Hermès* grec, vainqueur d'Argos aux cent yeux,
Lug était, en effet, un mythe solaire, un dieu du jour, vainqueur de la nuit aux infinis regards d'étoiles ; et quand,
mythe effacé de la théogonie celtique, il sera absorbé,
comme Hermès, dans le Mercure latin, on aura soin d'as-
socier à Mercure le nom des divinités ethniques de la
Gaule qui saluent le triomphe du jour. Rappelons-nous la
découverte faite par le R.P. de la Croix sur la colline qui
nous touche, ouverte à l'Orient, et la dédicace célèbre au
MERCURIUS ADSMERIUS (2).

Lug était aussi et partout un mythe guerrier. La langue
elle-même nous le montre donnant son nom à toutes les

---

(1) V. *Cycle mythologique irlandais,* par M. d'Arbois de Jubainville. Paris,
1884, traduction d'après l'analyse de O'Curry. *On the manners and cus-
toms of the ancient Irish,* t. III, 42-45, et surtout *Revue celtique,* t. X,
1889, pp. 239-243, traduction du fragment publié pour la 1re fois par
M. Whitley Stokes.

(2) V. notre étude sur *le culte chez les Gaulois d'après les inscriptions gallo-romaines.* Mémoires Soc. A. O., 1881.

forteresses de la Gaule. On les dirait appelées d'un nom commun : *Lugdunum*, la forteresse de Lug. La liste en serait longue ; citons seulement :

Lug-dunum Clavatum, qui est Laon ;

Lug-dunum Convennarum, qui est Saint-Bertrand-de-Comminges ;

Lug-dunum Batavorum, qui est Leyde ;

Et celui que l'adoption romaine a rendu célèbre entre tous, *Lug-dunum Segusiavorum*, qui est Lyon.

Malgré ces traits qui lui sont propres, la ressemblance de *Lug* et des mythes aryens de Mercure reste profonde ; il demeure le dieu du commerce et des voyages et l'un des génies qui président aux grandes assemblées de la race celtique.

Au premier regard sur cette civilisation qui nous précède sur le sol que nous occupons, on est étonné de la place qu'elle fait à de grandes assemblées de peuples. En Irlande, une grande borne marque le point que l'on croit être le centre de l'île tout entière. C'est comme au pays des Carnutes, dans la région qui passe pour le centre de toute la Gaule (1). A de certaines époques, en des foires immenses, dans chaque nation celtique se rassemble tout un peuple.

Or l'année était divisée dès ce temps en 4 saisons : au 1er février, au 1er mai, au 1er août et au 1er novembre.

Au 1er août, au premier jour de l'automne, se tenait en Irlande une foire célèbre. Là, se pressaient les cérémonies du culte, les déclamations et les légendes en vers qui par-

---

(1) « *Quæ regio totius Galliæ media habetur*. Tous les ans en un jour consacré, les druides se réunissent... et là se rassemblent de toutes parts ceux qui ont des contestations et ils se soumettent à leurs jugements. » (*Commentaires...*)

laient des temps anciens, les affaires de justice, les tran-
sactions du commerce, les courses de chevaux, tous les
plaisirs ensemble. Mais pourquoi ces fêtes, à ce premier
jour de l'automne celtique? C'est que c'est *Lug-Nazad*,
le jour anniversaire, le jour de la fête de *Lug*.

Quand, par une application de la politique de César,
au pied du *Lugdunum* celtique qui couronnait la haute
colline de Fourvières, fut fondée la colonie latine de Lyon,
c'est au 1ᵉʳ août que fut fixée la fête de Rome et
d'Auguste, au lieu où devaient se tenir les assemblées
nationales de la Gaule.

Comment ne pas voir qu'avant ces fêtes d'un culte tout
politique le *Lugdunum Segusiavorum* avait, au 1ᵉʳ août
de chaque année, une assemblée analogue aux foires de l'Irlande ; que les fêtes célébrées à l'autel de Rome et d'Auguste, au confluent de la Saône et du Rhône, avaient été
précédées par celles qui réunissaient autrefois les races de
la Gaule en l'honneur du dieu *Lug* ; que, si l'empereur
Caligula y faisait, au dire de Suétone, donner en sa présence
des jeux et des tournois d'éloquence, il continuait sous une
forme gallo-romaine les religieux souvenirs des Celtes et
copiait, en l'ignorant peut-être, ce qui, plusieurs siècles
encore après notre ère, s'accomplira le même jour,
chaque année, dans les foires de l'Irlande (1) !

Et nous aussi, nous comptons à Loudun un *Lugdunum*
de la Gaule. Rien ne nous empêche de l'appeler de son
vrai nom *la forteresse de Lug*, d'y évoquer le souvenir des
épopées de la race celtique et d'en remplir les solitudes par
le bruit des foules et des assemblées qui s'y tinrent le

____

(1) V. M. d'Arbois de Jubainville, art. sur le *Senchus mor* de l'Irlande.
Nouvelle revue historique du droit français, année 1881, p. 195.

1ᵉʳ août, chaque année, pendant quelque chose comme cinq siècles avant la conquête de César (1).

Cette évocation de l'empire et de la civilisation celtiques est peut-être nécessaire à bien comprendre la grandeur tragique de cette conquête. Sur ce point de fusion des races de l'Europe qui est notre vieille Gaule, quand se fut marquée l'empreinte de Rome, que reste-t-il de celtique ? Les institutions ont disparu ; la langue elle-même s'est effacée, si l'on excepte une province illustre. Que reste-t-il ? Deux choses : des qualités de race ineffaçables, et des noms de lieux !

Je me trompe : ces noms de lieux vivent-ils encore quand, le sens profond qu'ils renferment s'étant perdu, les savants les dédaignent et qu'ils ne sont plus que l'occasion des équivoques du vulgaire ?

Déjà pour le *Lugdunum Segusiavorum*, un imitateur, un scholiaste de Plutarque, ignorant le sens du nom celtique de *Lug*, l'avait traduit par un mot grec qui veut dire *corbeau*, et l'on entendit *Lugdunum* comme la *colline du corbeau*. Et nous avons une intaille antique qui donne un génie représenté par un corbeau pour protecteur à la grande ville de Lyon (2).

Cette aventure étrange s'est reproduite pour nous.

(1) Il faut placer vers l'an 600 avant Jésus-Christ, le premier établissement des Gaulois dans le pays qui s'est appelé la Gaule. Vers 300 avant Jésus-Christ, les Celtes du Nord du Rhin cèdent, une seconde fois, sous la pression victorieuse de la Germanie, et une seconde invasion gauloise (qui rappelle l'expédition des Gaulois à Delphes vers 279) occupe le pays entre le Rhin, la Seine et la Marne et tout le bassin du Rhône (*Rev. celt.*, 1903, p. 162).

(2) La légende du pseudo-Plutarque sur la fondation de Lyon est de fabrication grecque et on ne peut douter de son origine hellénique. LVGV ne peut venir du mot λούγος avec la signification de *corbeau* et il est douteux qu'il existe dans la langue celtique un tel mot ayant ce même sens. — *Voy.* M. d'Arbois de Jubainville, *Rev. celt.*, 1902, p. 92. Cpr. *Bulletin de l'Ac. des inscriptions.*

La ville de Loudun avait reçu de splendides armoiries. Comme elle avait été dès longtemps aux mains des rois de France, elle avait le chef de France, *d'azur à trois fleurs de lys rangées d'or*, comme, entre plusieurs autres; Paris ou Poitiers; et, en souvenir du beau donjon qui la domine, elle portait *de gueules à la tour crénelée d'argent ajourée et maçonnée de sable*.

Seules en usage jusqu'à la Révolution, elles étaient conservées par un décret de 1811 qui modifiait seulement quelques pièces de l'écu.

Plus tard, en 1817, on demanda le rétablissement des armoiries anciennes et l'on apprit qu'à la fin du xviie siècle, en 1696, quelque réformateur d'armoiries, dont Dieu nous garde, avait couché sur les registres de la généralité de Tours des symboles inconnus et que Loudun porterait à l'avenir *de sable à un Loup d'or!*

On proteste, puis on s'incline! et de nos jours, quand on bâtit de belles écoles primaires, l'entrée principale en apparaît surmontée d'une large et profonde sculpture de pierre. C'est un blason qui porte un gros loup issant avec une énorme queue de renard!

Il ne faut le reprocher à personne. Du haut même de la colline qui supportait la forteresse du Dieu Lug, on peut apercevoir dans la vaste plaine des dolmens imposants, et l'un d'eux à quelques pas de la source sacrée (1). Tout ce pays évoque le souvenir de la grande race celtique.

Mais que peuvent comprendre à ces rudes monuments de pierre, au langage que parlent les génies aryens des sources et des fontaines, les savants du xvie siècle? A déchiffrer

____

(1) « On comptait encore, il y a quelques années, 29 dolmens, 2 menhirs et 3 tumuli. » Drouault, dans Robuchon, *Paysages et monuments*, p. 7.

des livres grecs ou latins, ils ont perdu le sens profond des choses, le sens même de la vie. Et les peuples, bien autrement fidèles que les savants aux traditions de la race, tout en répétant pendant une longue série de siècles les sons des langues disparues, oublieront, eux aussi, le sens des mots qu'ils auront conservés !

C'est touchant, cet enseignement donné aux jeunes générations ! Dans les classes latines, on forge *Juliodunum* ; dans les classes primaires, *la colline du loup !* Il importe peu, semble-t-il, que cette colline domine la plaine, étendue tout autour d'elle, de Mirebeau jusqu'à Saumur. Il n'importe que nous prononcions comme nos ancêtres lointains, ce grand nom de *Lugdunum* que nous a légué la langue des celtes et des gallo-romains (1) ! Le sens du vieux nom celtique s'est perdu ! Mais peut-être convient-il que ceux qui sont instruits se souviennent ? Le nom de la ville que le moyen-âge appelle « la ville blanche des longs guérêts » n'évoque pas plus la pensée du *loup* que celui de Lyon ne rappelle *le vol des corbeaux.* Ces noms sacrés appartiennent à la grande race qui, pendant des siècles avant notre ère, a, par ses branches diverses, dominé la moitié de l'Europe, qui nous a laissé le souvenir d'une théogonie variée et profonde, des mythes ou des épopées émouvantes. Ils rappellent qu'à cette race nous devons quelques-unes de nos qualités les plus précieuses et le meilleur de notre sang.

(1) Qu'on veuille bien supprimer de *Lugdunum,* la finale *um,* qui tombe toujours, et passer le *g* qui est muet, on a *Loudun* comme aujourd'hui, bien plus près des origines que Lyon, Leyde ou Laon.

Toujours dans les localités humbles et isolées les noms de lieu présentent ce phénomène. Les *Senones* donnent le nom de *Sens* à la ville qui fut capitale de leur *civitas ;* mais si l'on songe à une petite ville des Vosges fondée à la fin du viie siècle par un chorévêque du diocèse de Sens, on a *Senones* comme il y a 1200 ans.

II

Il y avait pourtant des raisons de rappeler les temps gallo-romains. Je ne parle pas seulement des souvenirs chrétiens, et de la fin du ive siècle tout illustrée par le nom du célèbre évêque de Trèves, saint Maximin.

Mais sur l'emplacement même de la forteresse de Lug, les fouilles ont mis au jour, avec des monnaies impériales, les substructions et les hypocaustes des établissements romains; nous y rencontrons, encore en place, des pans de murs d'une forteresse gallo-romaine (1).

On ne peut donc s'étonner de l'importance conservée au *castrum Laudunense* au travers des temps mérovingiens.

Mais bien des traits de ce temps nous échappent. Il faut laisser s'accomplir les invasions normandes, se produire leur immense influence sur les divisions territoriales, sur la constitution politique, et placer l'antique *pagus* en présence du monde féodal. Il était compris dans le comté de Poitou.

Dans ce comté, et dès le premier établissement, les comtes angevins avaient, dans leur mouvance d'Anjou, quelques fiefs ou quelques églises, enclaves poitevines placées sous la suzeraineté des comtes de Poitou. La guerre (était-ce pour l'omission de quelques devoirs ou pour une autre cause ignorée ?), la guerre éclata entre le comte d'Anjou, Geoffroy Grisegonelle, et Guillaume Fier-à-bras, comte de Poitou.

---

(1) L'ami cher de notre enfance, M. J. Moreau, constate au-dessous des constructions du moyen-âge ou contemporaines des temps gallo-romains « au milieu de débris organiques, des fragments de poterie grossière à gros « grains qui ne peuvent être attribués qu'à une race fort primitive ». Drouault, *eod. loc.*

Les chroniqueurs de chacune des deux provinces attribuent à chacune d'elles la victoire :

« Selon les chroniques angevines, Grisegonelle aurait envahi le Poitou, pris le château de Loudun, défait les troupes du comte au lieu dit *Les Roches* et les aurait poursuivies jusqu'à Mirebeau. Les chroniqueurs poitevins, au contraire, rapportent que Fier-à-bras vint promptement à bout de son adversaire (1). »

Mais la conclusion s'impose la même pour tous : Fier-à-bras abandonne *en bénéfice*, au comte d'Anjou, Loudun et plusieurs autres lieux, dont Mirebeau était sans doute le plus important.

Voilà constitué entre le Loudunais et l'Anjou un rapport féodal ; son début sera marqué par un monument considérable, le château de Loudun, et par une grande figure historique, Foulques Nerra.

On ne sait la date, ni le lieu de sa naissance ; on a douté même qu'il fût fils de Grisegonelle. — Mais, à la mort de celui-ci, en 967, Foulques Nerra prit possession du comté d'Anjou, de celui du Gâtinais, du château d'Amboise, et d'autres châteaux et terres héritées ou conquises en Touraine et en Poitou. Pendant 53 ans, il a joué le premier rôle sur la scène de l'histoire féodale, par la durée, mais aussi par la grandeur de ses desseins. Rude seigneur, à la vérité, jurant toujours *par les âmes de Dieu*, capable de s'élancer à cheval, tout armé, dans la basilique de Saint-Martin et de violer ainsi le droit d'asile, seul refuge des faibles ; mais, en même temps, homme de la foi la plus vive, dont l'Orient a connu les amendes honorables

(1) Richard, *Histoire des Comtes de Poitou*, I, 115.

et les expiations exemplaires ; grand émancipateur de serfs
à Beaulieu et à Marmoutiers ; capitaine intrépide dont la
vie semble une épopée de fer et de sang ; bâtisseur infati-
gable de ponts, d'enceintes de villes, de prieurés, de monas-
tères, d'églises et surtout de forteresses, étonnantes par le
choix des positions stratégiques, par l'art de la construction
tout empreinte du génie normand, monuments qui mar-
quent les étapes de sa longue vie et qui nous le montrent
comme de beaucoup le plus grand ingénieur militaire des
temps féodaux. S'il semble planer encore sur ces ruines ma-
gnifiques, le grand faucon noir, il plane aussi sur l'histoire,
en son siècle et au siècle qui suit. Si, cherchant une frontière pour son domaine féodal, il a combattu pour le Maine
et la Touraine, si ni lui, ni son fils Geoffroy Martel ne pu-
rent conquérir la Normandie, son petit-fils, Geoffroy Plantagenet, réalisera la conquête : et le marchepied sera créé
qui, au milieu du XIIe siècle, élève sa race jusqu'au trône
d'Angleterre.

Le *castrum* de Loudun, d'où l'on surveille les petites val-
lées qui remontent vers la capitale du comté, ou qui s'ou-
vrent du côté des marches angevines et bretonnes ; Loudun,
d'où l'on joignait Mirebeau, et par où l'on garde cette voie
romaine d'Angers à Poitiers qui est l'une des routes vers les
possessions de Foulques en Saintonge ; Loudun, d'où l'on
domine et inquiète toute la rive de la Vienne, Montsoreau,
Chinon, l'Ile-Bouchard, forteresses qui protègent les pas-
sages et la route des comtes de Tours ou de Blois vers Saumur ; Loudun ne pouvait échapper à une telle vigilance et
Foulques Nerra y construisit le château de proportions colos-
sales dont un beau donjon subsiste encore (1).

(1) V. M. de Salies, *Histoire de Foulques Nerra*, p. 51. Les chartes de

Je ne sais si vous avez vu la photographie qui reproduit la tête morte du grand comte d'Anjou (1). Il a été exhumé pour de courts instants, il y a quelques années. Ces os décharnés et l'orbite vide de ses yeux ont gardé une expression étrange, j'allais dire vivante. On croirait que son visage s'anime et qu'il va parler. Pour ceux qui savent entendre et penser, le donjon de Loudun est un des souvenirs par qui, du seuil même du xi⁰ siècle, nous parle encore le représentant le plus complet, le type le plus élevé, l'esprit le plus rude et aussi le plus grand, de la féodalité militaire.

J'aurais aimé à entrer dans l'intimité de ces rapports féodaux avec la première maison d'Anjou. Ils ont duré deux cents ans, et ils ont laissé, dans le langage comme dans les coutumes, une empreinte, profonde à ce point que, plus tard, quand, après trois siècles de juridiction royale, on rédigera la coutume propre au Loudunais, on se trouvera en présence d'une filiale de la coutume d'Anjou.

Mais j'ai promis des épisodes et non l'étude des institutions et des mœurs.

On sait quel grand événement fit disparaître ce lien féodal avec l'Anjou, c'était la réunion à la couronne elle-même.

Quand le second mariage d'Aliénor eut apporté à Henri Plantagenet, comte d'Anjou, la magnifique province d'Aquitaine, ce fut, en réalité, un nouvel état qui, de la frontière de Picardie à celle du pays de Labour, se juxtaposait, menaçant et hostile, à celui que depuis moins de deux cents ans avait fondé Hugues Capet (2).

Cormery mentionnent aussi la construction de Mirebeau par Foulques, de l'an 1002 à 1006. Cpr. Richard, *Histoire des Comtes de Poitou*, I, p. 149.

(1) Dans l'ouvrage si intéressant de M. de Salies.

(2) Luchaire, Viollet, *Hist. des instit.*, I, 148.

Philippe-Auguste engagea la lutte. Un jugement de sa cour contre Jean Sans-Terre, après l'enlèvement d'Isabelle d'Angoulême, était rendu, en 1202, sur l'appel des barons poitevins. Il confisquait les possessions continentales du roi anglais : le duché de Normandie, le comté d'Anjou avec la Touraine et le Loudunais, la partie poitevine et saintongeaise du duché de Guyenne étaient unis à la couronne de France.

C'était le commencement d'une lutte qui devait durer plus de deux siècles et Loudun devait assister à l'une des plus grandes scènes de cette lutte. La construction de son château avait marqué, aux premières années du xiᵉ siècle, l'apogée de l'établissement féodal ; l'une de ses églises allait être témoin d'événements, où se montre la féodalité militaire, puissante encore, mais comme un soldat qui s'efface et se couche après sa tâche accomplie ; brillante toujours, mais d'un éclat qui va disparaître !

Il faut se rappeler la détresse de France après le désastre de Poitiers et le traité de Brétigny ; puis se laisser aller à suivre la réconfortante politique de Charles V et la chevauchée merveilleuse de Duguesclin, dans cet été de 1372, où chaque jour semble marqué pour la victoire.

Le duc Jean de Berry, maître de Poitiers dès le 7 août 1372, avait tenté de détacher les barons poitevins de la cause anglaise ; retenus par l'hommage féodal, ils étaient restés fidèles au roi d'Angleterre. Pendant que les lieutenants du prince de Galles se concentraient à Niort, que les contingents gascons se retiraient à Saint-Jean-d'Angély, les barons poitevins s'étaient enfermés dans Thouars.

Mais les secours d'Angleterre n'apparaissaient pas, et Duguesclin ne s'était pas arrêté un seul jour. Soubise, La

Rochelle, Benon avaient succombé ou avaient ouvert leurs portes.

Le 18 septembre, l'armée de France ayant à sa tête le comte de Poitou, Jean, duc de Berry, et Philippe, duc de Bourgogne, dirigée par Duguesclin, était devant Surgères, et c'est là que fut signée la trêve avec les poitevins enfermés dans Thouars.

La clause principale de cette trêve stipulait que, si le jour de la Saint-André, c'est-à-dire le 30 novembre, le roi d'Angleterre Édouard III, ou son fils le prince de Galles, ne se trouvait pas devant Thouars en puissance de forcer les Français à lever le siège, les barons, dès le lendemain, feraient leur soumission au roi de France.

Ce n'est pas le lieu de retracer comment fut rendu inutile l'effort du roi d'Angleterre, mais « au jour empris et accor-
« dé, vinrent *à toute puissance*, devant Thouars, de par le
« Roy de France, les ducs de Berry et de Bourgogne, ses
« frères, qui la journée se tinrent sur les champs, en bataille
« ordennée, et à banières déployées jusques aux vespres.

« A laquelle heure, vint par devant nos Seigneurs la
« vicomtesse (Pernelle, vicomtesse de Thouars), accom-
« pagnée de nobles barons et dames qui, en l'obéissance
« du Roy et d'eux, mit sa seigneurie.

« Et, *au giste*, vint avec eux, à *Loudun*, auquel lieu elle
« fit hommage-lige de sa vicomté avec serment de loyauté
« au duc de Berry, duquel est tenue ladite vicomté à cause
« de sa comté de Poitou.

« Et, ainsi fut la comté acquise sur les Anglais par leur
« orgueil et desloyauté (1). »

(1) Chronique publiée par Secousse, notes de M. Siméon Luce sur Froissart, VIII, 411.

Et, en effet, ce 1ᵉʳ décembre 1372, aux Cordeliers de Loudun, s'est déroulé un spectacle saisissant. Sous les voûtes ogivales de la vaste église, se pressent les plus grands seigneurs et les hommes d'armes ; leurs bannières sont étendues non plus pour la guerre, mais pour l'honneur.

Que font-ils ? Entre les mains du duc de Berry, lieutenant du roi, et en celles du grand connétable, les barons poitevins jurent foi et hommage au roi de France !

Et qui sont-ils ?

Ce sont les évêques de Maillezais et de Luçon, la vicomtesse de Thouars, Guillaume Larchevêque, seigneur de Parthenay, Louis d'Harcourt, vicomte de Châtellerault, le seigneur de Pouzauge, Monseigneur Renault de Vivonne, Monseigneur Jacques de Surgères, le Seigneur d'Argenton, le Sire d'Aubeterre, Perceval de Coulonges, l'inspirateur du traité du 18 septembre, « qui fu uns sages et imaginatis « chevalier et bien enlangagiés... », le sire de Nieul, le sire de Gourville... on ne pourrait les nommer tous. Ils sont là, barons et autres nobles des dits pays de Poitou et de Xaintonge « qui jurent pour eux et leurs alliez et subgiez (1) ». « Et par espécial d'estre contre le roy d'Angleterre et ses enfans (2). »

Quelques places, comme Niort ou Lusignan, tiendront encore ; les désastres militaires pourront se renouveler à Azincourt et la guerre se prolonger jusqu'aux dernières victoires de Charles VII ; mais qu'on se garde de ne voir dans cette grande scène du 1ᵉʳ décembre 1372 qu'une page éclatante pour plaire aux yeux et duper les cœurs.

(1) *Archives histor. du Poitou,* série du Trésor des Chartes, t. IV, p. 199, et Froissart, *eod. loc.,* p. 91.

(2) V. confirmation du 15 décembre 1372, *Archives hist. du Poitou,* série du Trésor des Chartes, t. IV, p. 179.

En ce jour, une révolution s'est accomplie. Dans l'église des Cordeliers de Loudun le rideau tombe sur le dernier acte du drame qui fut la féodalité militaire.

Tout repose sur la foi et l'hommage dans le monde féodal et, depuis Aliénor, les barons poitevins sont ballottés entre la foi promise aux rois anglais et les progrès de la dynastie capétienne. Désormais, la foi est acquise au roi de France et par là même, sans que les princes ou les politiques s'en doutent encore, il n'y a plus d'allégeance personnelle; la fidélité est à la France! Les Poitevins, comme Perceval de Coulonges et Jean Larchevêque, furent très fidèles (1). Et si quelque baron, comme Guichard d'Angles, veut demeurer « bon Anglais », c'est à la condition de devenir comte de Huntington et de vivre et de mourir à Londres. Désormais, sur notre sol, pour tous, pour les barons et pour leurs sujets, l'Anglais c'est l'étranger.

On raconte que les jeunes Romains récitaient la loi des XII tables comme un poème transmis de siècle en siècle, *Carmen seculare*. Des Cordeliers de Loudun, nous avons vu détruire les derniers restes ; mais tant que durera l'idée de patrie, se peut-il qu'un seul enfant loudunais ne répète ces paroles de nos chroniques :

« Et le lendemain (de la Saint-André, 30 novembre 1372) fut redducé et remis le dit duché de Guyenne en la dicte obéissance du roy, *à Loudun, en l'Église des frères Meneurs!* »

III

La ville de Loudun d'où s'étendait et rayonnait ainsi l'o-

(1) V. *Archiv. hist. du Poitou.* Série du Trésor des Chartes, IV, pp. 201 et 207.

béissance du roi, avait cependant été transmise depuis
quelques années à une nouvelle maison d'Anjou. Dans la
constitution des grands apanages, en 1356, le roi Jean avait
donné à Louis, son second fils, le comté du Maine avec
l'Anjou, érigé en duché. Cet apanage comprenait la seigneurie de Chantoceau. Mais, en février 1367, le roi Charles V ayant restitué cette seigneurie au duc de Bretagne,
Loudun fut donné en échange aux ducs d'Anjou ; il en sui-
vit pendant 110 ans la fortune (1).

Je ne puis raconter la destinée des quatre princes qui
forment cette aventureuse dynastie (2). L'adoption de Louis Ier
par la reine Jeanne de Naples leur avait attribué le titre
de *Rois de Sicile*, et, par leur longue alliance avec les papes
d'Avignon, ils ont joué un tel rôle dans les affaires du grand
schisme d'Occident et en Italie que, d'esquisser tant et de

---

(1) Lecoy de la Marche, *Comptes et Mémoriaux du roi René*, p. 101,
note.

(2) Rappelons seulement quelques dates ; mort de Louis Ier duc d'Anjou
à Besaglia, ville de la Pouille, le 22 septembre 1384. — Son fils Louis II,
âgé de 7 ans, lui succède et est sacré roi de Naples et de Sicile par le pape
d'Avignon Clément VII ; marié à Arles, à Yolande d'Aragon, en 1400. —
Décédé à Angers, le 29 avril 1417 ; — le 25 septembre 1403, naissance d'un
1er fils qui fut (a) Louis III, décédé à Cosenza en Calabre, le 15 nov. 1434. —
Le 10 janvier 1408, « nacquit Mgr René 2e fils du Roy Louis II, depuis Roy
de Sicile » (calendrier des Heures *M.c.t.* de René, Biblioth. Nationale). —
Élevé par son grand-oncle maternel, le cardinal de Bar, prince magnifique,
protecteur éclairé des arts, on dit qu'il reçut, près de lui, les leçons de
Hubert et Jean Van Eyck (Jean de Bruges), que ses tableaux peints *à l'huile*
rendaient célèbre dans toute l'Europe. Adopté par le cardinal de Bar et appelé, par suite, au duché de Bar, il épousa Isabelle de Lorraine et de ce
chef devait recueillir le duché de Lorraine. — Guerre pour la succession
de Lorraine avec le comte de Vaudémont et Philippe de Bourgogne ; René
défait et prisonnier à « l'aspre bataille de Bulgnéville », 22 février 1431. —
La Reine Jeanne de Naples décède le 2 février 1435, après avoir adopté
par testament le duc René encore prisonnier du duc de Bourgogne. —
Mission d'Isabelle de Lorraine à Naples ; sa mort à Angers, 28 février
1452.

(a) V. *Arch. hist. du Poitou*, Trésor des Chartes, t. VIII, p. 60.

si grands événements à l'occasion de l'une des châtelle-
nies de leur apanage, ce serait oublier toute proportion.
Rappelons seulement le dernier de cette brillante lignée :
le roi de Sicile et de Jérusalem, duc de Lorraine et de Bar ;
le bon roi René, duc d'Anjou !

Loudun garde un souvenir de ses libéralités. Les P. Carmes, qui s'y étaient établis vers la fin du xive siècle, avaient
bâti, pour leur couvent de Notre-Dame de Recouvrance, l'in-
téressante église connue de nos jours sous le nom de Saint-
Hilaire-du-Martray. Ils la voulurent agrandir d'une chapelle
qui demeure comme un type du style angevin de la fin du
xve siècle. Le roi leur en avait concédé l'emplacement et
les religieux ayant empiété et construit « trois piliers issans
en rue pour soutenir les voûtes », il renouvelle sa conces-
sion le 30 novembre 1476. « Il a maintenant, dit-il, plus
que jamais, une dévotion particulière pour la Sainte Vierge,
patronne de leur maison (des Carmes), et pour l'embellis-
sement des Eglises (1). »

A cet accent de mélancolie profonde, on sent que la vieillesse était venue couronner une vie traversée des plus grandes épreuves. Que de guerres cruelles ? Combien longues,
les années de prison chez des ennemis implacables ? L'amour
des lettres et l'art exquis, appris, peut-être, de Jean de
Bruges, ne pouvaient adoucir les malheurs qui semblaient
s'acharner sur la famille d'un prince excellent.

Sans parler de la destinée de sa fille Marguerite d'Anjou,

(1) Lecoy de la Marche, *Comptes et Mémoriaux, loc. cit.* — Mentionnons
l'existence à Loudun d'un *maison du Roy de Sicile* qui a été détruite, il
y a quelque soixante ans — et d'autres libéralités pour les halles, les
ponts, etc.
Lettre citée par M. de Quatrebarbes. — Œuvres du Roi René, t. I,
p. LXXX.

mariée à Henri VI de Lancastre, et l'héroïne de la guerre des
Deux Roses, qui fut la mère et l'épouse la plus malheureuse
de son siècle (1), il avait vu mourir ses deux fils. Or les
apanages étaient soumis à la loi salique et la politique de
Louis XI, audacieuse et dure, ne pouvait manquer d'en
profiter. Dès 1476 il l'avait affirmée et quand, le 10 juillet
1480, mourut le bon roi de Sicile, l'Anjou, la Touraine (2)
et le Loudunais durent faire retour à la couronne (3).

(1) Après avoir vu poignarder son fils et être restée prisonnière pendant
cinq ans à la Tour de Londres, elle fut mise en liberté par Edouard d'York
vaincu par les prières du roi de Sicile et consentant à accepter une énorme
rançon. Elle se retira en Anjou, au château de Dampière, humble manoir où
elle mourut en 1482.

Le fils aîné du roi de Sicile, Jean de Calabre était mort à Barcelone en
1471 ; et son second fils, Nicolas d'Anjou, succombait à une fièvre conta-
gieuse, devant Metz, le 1er juillet 1475.

(2) Le roi Charles VII, par lettres patentes datées de Bourges, 19 avril
1423, avait donné le duché de Touraine, à la réserve de Chinon, à Archibald
Douglas et à ses hoirs mâles. Douglas ayant été tué à la bataille de Ver-
neuil, le 17 août 1424, aucun héritier mâle ne se présenta pour lui succéder.

Par nouvelles lettres données à Angles le 21 octobre 1424, sous la
même réserve de Chinon, Charles VII donne ce même duché de Touraine à
Louis III, duc d'Anjou, roi de Jérusalem et de Sicile, et à Isabelle de Bretagne à l'occasion de leur mariage.

Ce qui n'empêche pas que le 8 septembre 1434, à Rouen, Henri VI, roi
de France et d'Angleterre, donne à son oncle, le duc de Bedford, le Loudunois avec l'Anjou et « toutes les teres que tint en nostre dit royaume de
« France, feu Loys jadis Roi de Sicile » (Louis II, décédé le 29 avril 1417)
et que par le même acte le même roi d'Angleterre donnait la Touraine à
Jean d'Arundel.

(3) On peut remarquer que la destinée féodale de la seigneurie de Mirebeau avait été très différente. Confisquée sur Jean Sans-Terre, elle n'avait
pas été comprise dans l'abandon fait aux ducs d'Anjou en échange de Chantoceau ; la terre de Mirebeau fut acquise de la comtesse de Roucy par le
duc d'Anjou en 1379, puis aliénée, et enfin rachetée en 1448 par le Roi René.
Elle fut assignée en dot à sa fille naturelle, Blanche d'Anjou, mariée à Ber-
trand de Beauveau qui en conserva les revenus après la mort de sa femme,
à la condition de payer les dettes laissées par elle (Lecoy de la Marche,
Comptes et Mémoriaux, p. 99). — Dès lors Mirebeau est possédé propriétai-
rement, et si, à la mort de René, le duché d'Anjou et le Loudunais font retour
à la couronne, Mirebeau avec Dampière est, au contraire, compris dans le
testament de René (publié par M. de Quatrebarbes. T. I, p. 83).

Par des traités particuliers le roi de France avait obtenu des droits sur le comté de Provence. Un neveu de René, en mourant, le 12 décembre 1481, léguait ses états à la couronne de France ; et des adoptions de Jeanne, comtesse de Provence et reine de Naples, des longues guerres de l'Italie méridionale, il resta du moins la Provence...... pour Louis XI !

IV

Un siècle de plus écoulé, et le Loudunais devait être, une fois encore, donné en apanage ; et de 1580 à 1591, il fut érigé en duché !

Le 26 février 1525, à la bataille de Pavie, à côté du roi François Ier, tombait pour ne plus se relever messire de Rohan. Sa femme, Anne de Rohan, mourut quelque temps après, laissant trois enfants qui furent élevés à la cour de Navarre et à celle de France. Une fille d'Alain IX, vicomte de Rohan, avait, en effet, épousé, en 1449, Jean d'Orléans, comte d'Angoulême, et elle avait été la grand'mère de François Ier, comme de cette Marguerite d'Angoulême qui, en 1527, par son mariage avec Henri d'Albret, allait devenir reine de Navarre.

L'aîné de ces trois enfants d'Anne de Rohan, René de Rohan, épousa, en 1534, Isabeau d'Albret, la propre sœur du roi de Navarre, et de ce mariage naquit une fille, Françoise de Rohan.

Ces parentés illustres n'empêchaient pas les affaires de la maison de Rohan d'être fort embrouillées et compromises. Ce fut bien pis quand, le 28 octobre 1552, René de Rohan fut tué en combattant sous les ordres de Claude de Lorraine, duc d'Aumale et frère du duc de Guise.

Au mois d'avril 1553, Françoise de Rohan fut heureuse d'être comptée parmi les filles d'honneur de Catherine de Médicis. Or, elle avait 18 ans et c'était un séjour bien dangereux que le séjour de la cour.

L'influence de Louise de Savoie, mère de François Iᵉʳ, y avait appelé les princes de sa maison. Philippe de Savoie, l'un d'eux, avait épousé Charlotte d'Orléans-Longueville et il avait reçu le duché de Nemours (1). De son mariage, était né (2) Jacques de Savoie, duc de Nemours, et, quelque temps après, naissait une fille, Jeanne de Nemours.

Philippe de Savoie étant mort à Marseille le 25 novembre 1533, les enfants furent recueillis à la cour de France.

Par une sorte de destinée commune, Françoise de Rohan et Jeanne de Nemours se trouvaient étroitement unies. Elles partageaient la même chambre, elles étaient servies par les mêmes femmes et recevaient la même éducation.

Mais, on l'entrevoit déjà, ce n'est pas de Jeanne de Nemours, c'est de son frère qu'il faut parler.

C'était le plus beau et le plus charmant prince de la cour. Tous les mémoires, comme bien des romans, sont remplis de ses aventures et ceux qui voudraient se rendre compte de son étrange et séduisant empire peuvent relire Brantôme ou seulement la *princesse de Clèves*, de Mᵐᵉ de Lafayette.

Par surcroît, il se montra, dès son début, un guerrier brave et heureux, devenu l'idole des soldats par une générosité chevaleresque, il était aussi le plus habile colonel général de l'infanterie au service de France (3).

(1) Le 22 décembre 1528.
(2) A l'abbaye de Vauluizant, en Champagne, le 12 octobre 1531.
(3) Les mémoires du temps et les papiers d'archives relatifs à l'épisode qui va suivre ont été analysés, au point de vue extérieur et romanesque, ainsi que de quelques détails trop intimes pour être reproduits dans ce dis-

L'intimité des deux jeunes gens fut longtemps très grande. Françoise de Rohan dira d'elle-même, plus tard, « durant sept années, le duc m'avait donné de grands et évidents signes d'amitié non vulgaire et commune ». Entre personnes de si haute naissance et de mérites si grands, il n'y avait aucune prise à la médisance. Le roi lui-même en parlait volontiers ; jouant à la paume avec le duc, il disait : « Puisque Mademoiselle de Rohan est venue, M. le duc de « Nemours ne frappera plus un bon coup. » Et Brantôme ajoute que le duc répondait parfois à la raillerie : « D'aucunes fois... dès qu'il apercevait venir Catherine de Médicis, il faussait la compagnie à son royal adversaire et allait droit à Mlle de Rohan, et si le roi le rappelait, il ne craignait pas de dire qu'il quittait la partie et il restait à deviser avec sa préférée... »

Or, en ce temps-là, le mariage, qui avait compté dès le commencement au nombre des sacrements, était formé par le seul accord des volontés des époux. L'Église, qui statue et qui légifère pour tous les temps et pour tous les lieux, ne lui avait imposé aucune solennité, ni forme extérieure, ni conditions de preuve particulières.

« Je vous prends à femme » et elle à luy, « je vous prends pour mon mary », voilà le mariage tout entier et la preuve, s'il est nécessaire, en sera faite plus tard.

On comprend le danger d'un accord aussi simple, si l'on se trouve dans une civilisation raffinée, dans une société

cours, en deux publications fort intéressantes : 1º de M. de Ruble, *Le duc de Nemours et Mademoiselle de Rohan*, Paris, 1883 ; 2º et, dans le même temps, par M. Hector de la Ferrière : *Françoise de Rohan*.

L'épisode voudrait être étudié au point de vue du *fond*, en ce qui touche la formation même du mariage et en ce qui touche la compétence de l'officialité et du parlement.

où la sainteté des mœurs et la foi religieuse ne soient pas un élément vivant, jamais perdu de vue.

Or, c'était bien le cas de la société en France à la cour des Valois ?

Le fils du connétable de Montmorency s'était lié par *paroles de présent* à Mlle de Piennes, autre fille d'honneur de Catherine, « fort belle fille et de bonne maison ». Le rude connétable fit emprisonner aux Filles-Dieu l'épousée et celle-ci dut se résigner, plus tard, à porter le nom d'un secrétaire d'état et à s'appeler bourgeoisement Madame Florimond Robertet. — Le connétable avait préféré pour son fils la main d'une fille de Diane, et accepté de laisser dire « qu'il avait tenu à être riche plutôt qu'homme de bien (1) ». De même, Françoise de Rohan se croyait, sincèrement et du fond du cœur, la duchesse de Nemours ; elle allait apprendre que, délaissée et trahie, elle était la victime de l'égoïsme et de l'ambition de celui qu'elle avait aimé.

Tout le monde savait, à la cour, qu'une très grande et très belle dame, Anne d'Este, mariée à François de Lorraine, duc de Guise, dominait entièrement le cœur et la volonté de Jacques de Nemours. On savait aussi que la reine Catherine, le connétable, le cardinal de Lorraine et tous les princes Lorrains étaient conjurés contre Françoise de Rohan.

Mais son énergie ne faiblit point. Elle était soutenue par la fermeté connue de sa cousine, Jeanne d'Albret. Celle-ci était arrivée à Paris vers la fin de 1558 et, dès le 24 janvier

(1) Il s'agit de Diane de France, veuve de Horace Farnèse, fille naturelle d'Henri II. V. Brillon, *Dictionn. des arrêts*, v° *Mariage*, t. IV, p. 274 (Paris, 1727). — Au cours de l'impression paraît la suite des intéressantes publications de M. Stocquart sur le mariage, *Aperçu de l'évolution juridique du mariage*, Bruxelles, Lamberty, 1905. — Cpr. de Crue de Stoultz, *la Société française au xvie siècle* — et les *Mémoires de la Société de l'histoire de Paris*, t. VI.

1559, Françoise commençait devant l'officialité de Paris un procès pour faire proclamer la validité de son mariage et la légitimité de son fils.

Le procès dura, si l'on peut y fixer un terme, jusqu'au 6 août 1576.

Ce fut un bien bel amoncellement de procédures. L'officialité de Paris, le parlement, l'officialité de Lyon, le pape, le tribunal de la Rota, les évocations devant le grand Conseil du roi : toutes les juridictions saisies tour à tour.

Malgré l'équité de l'official de Paris, la fermeté du premier président de Thou et l'indépendance du parlement, elle succomba devant les démarches des ambassadeurs et les arrêts du grand Conseil.

Depuis la mort de Henri II, qui l'avait défendue, elle se trouvait écrasée dans le conflit des passions les plus violentes.

Fille d'Isabeau d'Albret et cousine de Jeanne d'Albret, elle représente la maison de Bourbon contre les princes Lorrains; attachée à la religion protestante dès 1561, elle a contre elle le parti catholique. Antoine de Bourbon écrivait à Jeanne d'Albret : « Nous délibérons de la prendre « pour femme de Nemours. » « Les protestants sont tous « pour elle, écrit l'ambassadeur d'Angleterre, et beaucoup « de catholiques la plaignent. »

Enfin, à Rome, on ne pouvait se détacher des changements auxquels le concile de Trente s'était refusé longtemps et qu'il avait concédés, dans sa session de 1563, aux sollicitations exigeantes et impérieuses des puissances laïques.

Le consentement, l'accord des volontés, qui demeure la substance et le tout du sacrement, est déclaré inhabile en lui-même et s'il ne se produit devant un témoin qui le valide en le constatant. Les puissances laïques avaient trouvé ce témoin et nous l'appelons, d'après le langage du temps, *le propre curé.*

Si, dans ces obscurités, il était nécessaire d'un trait de lumière, le coup de pistolet tiré par Poltrot de Méré, et dont mourut le duc de Guise le 24 juillet 1563, le pourrait fournir.

Toute sa vie, en fermant les yeux, il avait été jaloux de Jacques de Nemours. « Au lit de mort il avait dit à la du- « chesse qu'il trouvait bon qu'elle se remariât, mais il lui « avait commandé par sa parole que ce ne fût pas à M. de « Nemours ; et, il le lui défendit, tout en ajoutant qu'il « était persuadé qu'il l'épouserait. »

L'obstacle vint du côté où on ne l'eût pas attendu, du cardinal de Lorraine lui-même, et de ce maudit et long procès qui ne prenait point de fin. Il fallut attendre une 1ʳᵉ décision du grand Conseil et, le 5 mai 1566, le cardinal de Lorraine célébra le mariage d'Anne d'Este, veuve du duc de Guise, avec Jacques de Nemours !

Le douaire d'Isabeau d'Albret comprenait les seigneuries de la Garnache et de Beauvoir-sur-Mer en Poitou. Dans le partage des biens de la maison de Rohan, le 18 décembre 1563, elles avaient été attribuées à Françoise. C'est là qu'elle se retira et qu'elle vécut plusieurs années entourée de poètes et de savants ; sans perdre toutefois un instant de vue la terrible aventure où elle était engagée. Le mariage de Jacques de Nemours était à peine célébré que Françoise de Rohan en avait demandé la nullité.

Mais Anne d'Este, devenue duchesse de Nemours, avait elle-même fini par trouver importunes ces longues luttes qui n'étaient pas exemptes de doutes, pour sa conscience peut-être aussi de remords. Elle en désirait ardemment la fin pour elle et pour l'honneur des deux fils qu'elle avait eus de Nemours.

D'un autre côté, le roi négociait avec le futur Henri IV, son frère de Navarre, et il savait que celui-ci avait hérité de l'affection de Jeanne d'Albret pour Françoise de Rohan; il savait que, par haine des Guise et pour l'honneur d'Albret, il ne consentait jamais à l'appeler autrement que « sa tante et duchesse de Nemours ».

Henri III cherchait, dès lors, un terrain de transaction; ce fut Françoise de Rohan qui, de l'avis des principaux chefs protestants, en imposa les conditions.

Elle exigea qu'un dernier arrêt, rendu par le Conseil privé, annulerait tous les arrêts antérieurs et reconnaîtrait sa parfaite bonne foi et la validité de son mariage.

Elle ne voulut pas qu'il fût déclaré nul, mais qu'il fût seulement rompu par le divorce.

Le Roi, dans ses lettres patentes, disait : « Nous avons pris et prenons en main l'honneur de Françoise de Rohan. Nous entendons et ordonnons qu'il ne lui puisse être imputé aucun blâme pour raison de ce qui lui est advenu, et la déclarons libre de contracter mariage. »

D'un autre côté, la rançon fut très large :

Le jeune duc de Genevois, fils né de cette union hasardeuse, recevait une rente de 20.000 livres, assise sur l'abbaye de Boulbonne, située en Languedoc, et qui appartenait au cardinal de Ferrare, frère de la duchesse de Nemours (1).

Françoise reçut la ville de Loudun et sa juridiction avec 50.000 livres de rentes sur l'hôtel de ville de Paris.

_____

(1) Cpr. Varillas, cité dans le Dict. de Bayle, v° *Garnache.*

Et pour lui rendre le titre de duchesse un moment entrevu, le Loudunais fut érigé en duché.

Son acceptation fut hautaine et noble :

« Notre repos et consolation ne giste désormais, ny
« c'est notre intention de converser avec ledit sieur duc de
« Nemours, puisqu'il a été si infidèle envers nous que de
« divertir à autre party ; et nous semble et avons trouvé par
« l'opinion et conseil de plusieurs gens de bien et d'honneur
« de notre religion, avoir suffisante cause de divorce. »

Et elle ajoutait :

« Nous espérons qu'avant la fin de ses jours Dieu tou-
« chera son cœur et que dès à présent notre innocence est
« assez et sera connue de la postérité et la légitimité de notre
« fils. »

L'acte est du 22 janvier 1580.

Au reste, celui sur la mémoire duquel pèsent ces injustices avait, dès 1567, ressenti les premières atteintes de la goutte et le beau prince de trente-six ans avait à souffrir les plus cruelles maladies dont puisse être atteinte la vieillesse. Il mourut en 1585, et la duchesse de Loudun lui survécut plusieurs années.

Il semble que les deux duchesses eurent l'une pour l'autre quelque attrait. Anne d'Este, duchesse de Nemours, était malade. Dès le mois de janvier 1581, la nouvelle duchesse de Loudun lui écrivait ces courtoises doléances :

« Si je pensais là vous pouvoir servir et alléger en quel-
« que chose, j'avancerais mon voyage et y accourrais
« bientôt ! »

« A Loudun, ce dernier janvier 1581.

« Votre très humble et hobéissante cousine,

« FRANÇOISE DE ROHAN. »

Et, quelques années après, en voyant ses fils, Henri de Guise et le cardinal son frère, tomber sous les coups des sicaires d'Henri III, la duchesse de Nemours put se prendre à penser, dans sa propre douleur, que la main d'Henri de Valois était pour elle plus impitoyable et cruelle encore que n'avait été pour Françoise de Rohan « la malveillance, « tandis le procès ».

Par lettres patentes du 10 avril 1591, Henri IV avait confirmé à Françoise de Rohan la donation du duché de Loudun. Mais elle ne devait pas vivre assez pour voir le triomphe de celui dont l'affection, après celle de Marguerite et de Jeanne d'Albret, l'avait fidèlement soutenue.

Elle mourut en décembre 1591 et les papiers du temps mentionnent la mort de « Françoise de Rohan, baronne de la Garnache et de Beauvoir-sur-mer, duchesse de Nemours et de Loudunois ».

A peu de jours près, ce duché avait duré 12 ans !

Ne semble-t-il pas que, si les souvenirs des ducs d'Anjou rappellent à ceux qui se promènent sur l'emplacement désert du château de Loudun, l'héroïsme des guerres féodales et le relèvement de la patrie, la mélancolique figure de Françoise de Rohan, duchesse de Loudun, peut rappeler combien est nécessaire à tous... disons seulement la prudence, et murmurer doucement encore, par ses épreuves, une leçon de sagesse.

V

Quand on parle d'épisodes de l'histoire loudunaise, il en est un auquel se reporte invinciblement la pensée et qui comprend : la vie, le jugement, le supplice d'Urbain Grandier. Je n'en parlerai pas. Il y aurait à juger trop de choses

3

et trop de gens : la victime, elle-même, si coupable à certains jours; d'autres victimes encore qui forcent la pitié par
leurs longues souffrances, leurs durs exorcismes, bien plus
qu'elles n'inspirent d'intérêt. Il faudrait juger, les juges eux-
mêmes et suivre ce long courant de terreurs en présence de
phénomènes inconnus, sorte de contagion mentale qui, à de
certains moments, obscurcit les consciences les plus droites
et peut égarer la foi la plus pure. Cette contagion s'est
rencontrée souvent, et qu'est-ce que l'épisode d'Urbain
Grandier, auprès des exécutions et des supplices dans la
Lorraine du xvi⁰ siècle (1)? Il a servi de thème à bien des
pamphlets. Il a été brodé dans les romans et dans les dra-
mes. Mais qu'on le dégage des passions des pamphlé-
taires ou des broderies des romanciers, il est triste en lui-
même et lugubre. Je n'en parlerai pas.

Et puis c'est déjà trop longtemps retenir votre attention,
et il semble qu'après le dieu Lug, Foulques Nerra, les
grands scènes de chevalerie, le roi René, Françoise
de Rohan, c'est bien assez de romans pour une histoire !

(1) Au cours de l'impression, je lis, dans un article sur l'histoire religieuse de l'Amérique : « Nous rappellerons l'épidémie de croyance aux sor-
cières qui sévit dans la Nouvelle Angleterre à la fin du xvii⁰ siècle et qui
assure en 1692 vingt-huit exécutions capitales, dont huit en un jour, le
22 septembre. Il fallut que le souverain de la Mère-Patrie, Guillaume III,
vînt réfréner tant de fanatisme. » M. Félix Klein, *Correspondant*, 10 avril
1905, nouv. série, t. 183, p. 8.

Extrait des Mémoires de la Société des Antiquaires de l'Ouest
tome XXVIII, année 1904.

Poitiers. — Imprimerie BLAIS et ROY.

www.ingramcontent.com/pod-product-compliance
Ingram Content Group UK Ltd.
Pitfield, Milton Keynes, MK11 3LW, UK
UKHW020103100726
13658UKWH00004B/1943